桃屋ごはん

PARCO出版

もくじ

はじめに……6
桃屋物語……7
本書で使用した桃屋商品……8

1章 丼もの

マグロの磯漬け丼……12
黄身のりダレのつくね丼……13
食べるラー油の麻婆厚揚げ丼……14
山芋&きゅうりのカリカリ豆腐丼……15
豚バラのにんにくみそ丼……16
キムチ風味の親子丼……16
カジキのガーリックトマト丼……18
チキンソテーの和風しょうがダレ丼……20
【丼ものに合う小さなメニュー】
少し辛いホタテスープ……22
梅&しょうがの吸いもの……22
牛肉&わかめのにんにくスープ……22

2章　炒飯

のり卵の納豆炒飯……24
ひじき&ベーコンの梅炒飯……25
ガーリックえのきのバターライス……26
ちくわ&天かすの焼き飯……27
エビ&榨菜のエスニック炒飯……28
福神漬入りカレー炒飯……29
キムチ風味のチキンライス……30
メンマたっぷりのあんかけ炒飯……32
【炒飯に合う小さなメニュー】
豆腐&トマトの榨菜ねぎダレ……34
蒸しなすのおろし生七味……34
ソーセージ&にんにくのスープ……34

3章　混ぜごはん&炊き込みごはん

大葉&しょうがの混ぜごはん……36
油揚げ&ラー油の混ぜごはん……37
焼豚&メンマの混ぜごはん……38
牛キムチの混ぜごはん……39
いか塩辛&さといもの炊き込みごはん……40
あっさりメンマおこわ……40
押し寿司風……42
タコ&パプリカのピラフ……44
【混ぜごはん&炊き込みごはんに合う小さなメニュー】
はんぺん&かいわれ大根のわさびのり……46
メンマ&ほうれん草の和えもの……46
キャベツ&イカのバター蒸し……46

4章　おにぎり&おにぎらず

ジャコ&生七味のおにぎり……48
あぶら味噌風おにぎり……48
たくあん&しょうがのおにぎり……49
ツナ生七味おにぎり……49
梅&わかめのおにぎり……50
榨菜&レモンのおにぎり……50
カリカリチーズの焼きおにぎり……51
【おにぎりに合う小さなメニュー】
ちくわの豚肉巻き……52
山芋の磯辺揚げ……52
きのこののり和え……52

おにぎらずの基本の作り方……53
榨菜&ハムのおにぎらず……54
エビ&アボカドのおにぎらず……54
みそ油揚げ&菜っ葉のおにぎらず……55
シラス&クリームチーズのおにぎらず……55
目玉焼き&スパムのおにぎらず……56
牛しぐれ煮のおにぎらず……56
榨菜入りカニ玉
　スクランブルエッグのおにぎらず……57
【おにぎらずに合う小さなメニュー】
即席のり味噌汁……58
即席中華スープ……58

5章　巻きもの

五目寿司のたね&卵の海苔巻き……60
マグロ榨菜の海苔巻き……61
生七味&サーディンの海苔巻き……61
梅ごまごはんの長芋海苔巻き……61
豚しゃぶの生春巻き風……64
肉味噌風の菜っ葉巻き……65
簡単茶巾寿司……66
【巻きものに合う小さなメニュー】
ちくわの磯辺揚げ……68
手羽中のにんにくがらめ……68
きゅうり&榨菜の一夜漬け……68

6章 お茶漬け

のりシャケ茶漬け……70
ジャコのり味噌茶漬け……71
榨菜梅茶漬け……72
塩辛のゆず茶漬け……73
ごまみそダレのタイ茶漬け……74
サバ一夜干しの生七味茶漬け……74
ささみの冷やし梅茶漬け……76
【お茶漬けに合う小さなメニュー】
切り干し大根&メンマの漬物風……78
大根の梅もみ漬け……78
ささみ&ルッコラの梅マヨ和え……78

7章 お粥&スープかけごはん

白粥 温泉卵&ラー油のせ……80
しょうが風味のれんこん粥……81
ホタテの卵粥 メンマのせ……82
榨菜入り肉だんご粥……83
チーズ&海苔のリゾット……84
アサリ&いか塩辛のスープかけごはん……86
豚肉&ビーンズのスープかけごはん……87
【お粥&スープかけごはんに合う小さなメニュー】
ジャコ&いんげんのピリカリ炒め……90
ホタテのにんにくレモンマリネ……90
らっきょうコールスロー……91
餃子の皮の生七味がけ……91

商品別インデックス……92

●本書の決まり
・表示している分量は、大さじ1＝15mℓ、小さじ1＝5mℓ、1カップ＝200mℓです。
・野菜類は、特に表記のない場合は、洗う、皮をむく、ヘタを取るなどの作業を終えてからの手順を説明しています。
・電子レンジは機種によって、加熱時間に多少の差が出るので、表示時間を目安にして、様子を見ながら加熱してください。

はじめに

日本人なら誰でも知っている、老舗食品メーカーの桃屋。

大正9（1920）年に創業した桃屋は、
当時、らっきょうの甘酢漬け「花らっきょう」や野菜のみりん漬けなどの瓶詰、
みかん、桃や枇杷《びわ》などフルーツの缶詰を製造販売していました。
桃屋はらっきょうの甘酢漬けを日本で初めて作ったメーカーでもあるのです。

1世紀近く経った今でも、
大人気商品「ごはんですよ！」などの海苔佃煮《つくだに》シリーズ、
桃屋が日本に広めた「味付榨菜」「味付メンマ」などの中華シリーズ、
日本の食卓の定番になった、キムチの素シリーズや食べる調理料シリーズなど、
強いこだわりと情熱によって生み出された数々の商品は、
世代を超えて多くのファンに愛されています。

本書はそんな桃屋のヒット商品から17種類を選び、
温かいごはんや冷たいごはんと組み合わせてみました。
どれも桃屋の商品をもっと、おいしく楽しく味わうためのレシピです。
この本を参考に、奥深い桃屋ワールドをお楽しみください。

さあさあ、桃屋ごはんの始まりですよ！

桃屋物語

一 周囲の反対を押しきって発売、「味付榨菜」

昭和43（1968）年当時、榨菜は日本ではまったく知られておらず、社内外から発売を反対する声が多くあがりました。しかし、専務（現会長）は「自分がうまいと思えるものを作れば売れる」と、桃屋流の「味付榨菜」を完成。いざ発売してみると、毎月売り上げは倍増！　榨菜の名はまたたく間に広まり、桃屋の基幹商品となりました。

二 革新の味、「ごはんですよ！」

「ごはんですよ！」の開発コンセプトは、「旨くて甘い、トロッとした食感」。冷めてもトロリとする食材を探し、やっと見つけたのがタマリンドでした。熱帯アジアではカレーやジャムの調味料として使う、当時の日本ではまだ珍しい食材です。また、乾燥海苔ではなく生海苔を使うという大改革も実行。そのために新しい機械を導入します。古い機械は社長（現会長）の鶴の一声ですべて解体。後戻りができない背水の陣のなか、昭和48（1973）年、「ごはんですよ！」は産声を上げました。

三 アメリカでヒントを得た、「キムチの素」

アメリカ視察の際、この地のスーパーマーケットでキムチ漬けがたくさん売られているのを目にした社長（現会長）は、帰国後に商品試作に取り組みます。試行錯誤の末、最終的には白菜キムチでも大根キムチでもなく、キムチ作りのベースとなる調味料を開発することになりました。昭和50（1975）年、発売後の反響は驚異的なものでした。日本人の味覚に「キムチ味」が浸透したのは、「キムチの素」のおかげと言っても過言ではないのです。

株式会社　桃屋
〒103-8522
東京都中央区日本橋蛎殻町2-16-2
（代表）03-3668-5771
http://www.momoya.co.jp/

2020年に創業100年を迎えます！

本書で使用した桃屋商品

海苔佃煮シリーズ

梅ぼしのり

内容量：105g

厳選した生海苔に良質の梅干しをバランスよく加えた、ほどよい酸味で食べやすい甘口タイプの海苔佃煮。

ごはんですよ!

内容量：100g／145g／180g／390g

◎写真は145g

青海苔の風味を最大限に生かすため、煮込み時間が短い「あさ炊き」に。トロリとしたなめらかな舌触りで、ホタテとカツオの旨みに富んだおいしさです。

中華シリーズ

味付搾菜

内容量：100g／165g

◎写真は100g

中国・重慶市特産。約1年カメで熟成させた特級品で、熟成中に漢方薬にも使われる十数種の香辛料エキスをたっぷり染み込ませた、深みのある味わいです。

味付メンマ

内容量：100g

台湾産の最高級麻竹《まちく》の特選品を使用。乳酸菌による熟成発酵で旨みと風味が引き出され、醤油とごま油で香ばしく仕上げます。

穂先メンマ やわらぎ（辣油味）

内容量：115g／210g

◎写真は115g

台湾産の最高級麻竹《まちく》の穂先だけを使用。乳酸発酵させてから独自の辣油味に仕上げます。

キムチの素シリーズ

キムチの素

内容量：190g/450g/620g
◎写真は190g
にんにく、しょうが、みかん、りんごなどを使用し、唐辛子本来の香りと辛さを大事に仕上げた汎用性の高いピリ辛調味料。

つゆシリーズ

つゆ大徳利（濃縮2倍）

内容量：400mℓ
◎つゆ小徳利（濃縮2倍）200mℓもあり
厚削り節の一番だしをふんだんに使用しているので、豊かな香りとコクのまろやかな味わい。

農産シリーズ

梅ごのみ

内容量：105g
1972年の発売以来のロングセラー。肉厚の梅干しにカツオ節、昆布、しそを加えた上品な味わい。

花らっきょう

内容量：115g
創業当時から伝統的な製法を守った超ロングセラー。1ヶ月ほどの乳酸発酵でらっきょう本来の旨みを引き出します。

福神漬

内容量：145g
厳選した7種の野菜（大根、なす、きゅうり、なた豆、れんこん、しそ、しょうが）をじっくり1ヶ月以上低温熟成。はちみつとりんご酢の甘酸っぱい仕上がり。

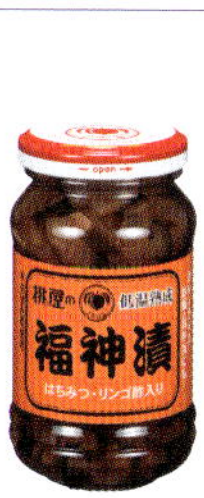

寿司のたねシリーズ

五目寿司のたね

内容量：大326g／小185g
◎写真は大326g
大きめに切った7種の具（にんじん、れんこん、たけのこ、油揚げ、かんぴょう、しいたけ、高野豆腐）がたっぷり入っています。粉末醸造寿司酢付き。

食べる調味料シリーズ

辛そうで辛くない少し辛いラー油

内容量：110g
なたね油とごま油と粗挽き唐辛子で抽出した鮮やかな色のラー油に、香ばしいフライドガーリックとフライドオニオンをたっぷり加えた、旨さと食感を楽しむラー油。

野菜においしいにんにくみそ

内容量：105g
3種の味噌（信州辛口みそ、白甘みそ、韓国産コチュジャン）とにんにくを合わせたディップ感覚の食べる調味料。

きざみにんにく

内容量：125g
生のサクサクとした食感を大切にしながら香ばしくローストしたにんにくに、粗挽き唐辛子、黒胡椒をプラス。香り豊かなにんにくの風味が楽しめます。

海産シリーズ

いか塩辛

内容量：110g
国産のするめイカだけを使用。伝統的な樽仕込みでじっくり熟成させ、イカ本来の旨みがしっかり引き出された本格派。

さあさあ生七味とうがらし山椒はピリリ結構なお味

内容量：55g
山椒の高貴でフルーティーな香り、しびれる辛味を生かすために唐辛子は控えめに使用。絶妙な配合の7種の素材（ごま、しょうが、のり、唐辛子、ねぎ、山椒、ゆず皮）をなたね油でコーティングした、しっとりタイプの味付七味。

きざみしょうが

内容量：110g
風味豊かなしょうがを丁寧に刻み、なたね油で包んだ使い勝手抜群の調味料。香料は一切不使用。

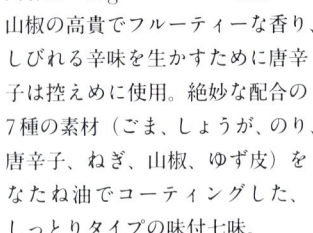

1章　丼もの

桃屋の瓶詰があれば、
ボリューム満点のおいしい丼が
手早く作れます！

ごはんですよ！があれば
マグロの漬け丼もあっという間

マグロの磯漬け丼

材料（2人分）

マグロの刺身…12切れ

A
- ◉ごはんですよ！…大さじ1
- 酒…小さじ½
- わさび…小さじ½

お好みの野菜
（大根、きゅうり、にんじんなど／せん切り）…適量

温かいごはん（冷たくてもOK）…茶碗2杯分

白ごま…少々

作り方

① ボウルにAの材料を入れてよく混ぜ、マグロの刺身を加えて和える。

② お好みの野菜はさっと水にさらし、水気をよくきる。

③ 器に温かいごはんをよそい、②、①をのせ、白ごまをふる。

▼マグロは刺身の代わりに「切り落とし」を使ってもいい。

黄身のりダレのつくね丼

材料（2人分）

【つくね】
鶏ひき肉…200g
長ねぎ（みじん切り）…5cm
卵白…1個分
酒…大さじ1
片栗粉…小さじ1
◉きざみしょうが…小さじ½
塩…少々

ししとう（包丁の先で数カ所切り込みを入れる）…8本
温かいごはん…茶碗2杯分

【黄身のりダレ】
◉ごはんですよ！…大さじ1～2（お好みで調整）
卵黄…1個分

作り方

① ボウルにつくねの材料を入れてよく混ぜ、8等分にして小判形にする。

② フライパンに①、ししとうを並べて中火にかけ、ししとうは焼けたら取り出しておく。つくねは焼き目がついたら裏に返し、フタをする。弱火にして、火が通るまで1～2分焼く。

③ 器に温かいごはんをよそい、②のつくねとししとうをのせ、つくねによく混ぜた黄身のりダレを塗る。

ごはんですよ！＋卵黄の
特製ダレがつくねにぴったり！

食べるラー油の麻婆厚揚げ丼

材料(2人分)

厚揚げ
(ペーパータオルで油分をふき取り、2〜3cm角に切る)…150g
豚ひき肉…100g
長ねぎ(みじん切り)…1/3本
◉辛そうで辛くない少し辛いラー油…大さじ2

A
水…100ml
醤油…大さじ1
酒…大さじ1
砂糖…大さじ1/2
片栗粉…小さじ1

キャベツ(2〜3cm角に切る)…1枚
温かいごはん…茶碗2杯分

作り方

① フライパンに辛そうで辛くない少し辛いラー油を入れて中火にかけ、長ねぎ、豚ひき肉を順に炒める。豚ひき肉に火が通ったら厚揚げを加え、さらに炒める。

② よく混ぜたAを加え、混ぜながらとろみがつくまで煮詰める。とろみがついたらキャベツを加え、全体を混ぜて火を止める。

③ 器に温かいごはんをよそい、②をのせる。

具材をラー油で炒めて作る
簡単でおいしい麻婆丼

野菜と豆腐のさっぱり具材と
少し辛いラー油が好相性！

山芋&きゅうりのカリカリ豆腐丼

材料（2人分）

山芋…7〜8㎝
きゅうり…1/3本
オクラ…5本
塩…適量
木綿豆腐（粗くくずす）…50g（1/6丁）
A 大葉（ちぎる）…3枚
　みょうが（薄切り）…1個
　塩…少々
温かいごはん（冷たくてもOK）…茶碗2杯分
◉辛そうで辛くない少し辛いラー油…大さじ1〜2（お好みで調整）

作り方

① 山芋は皮をむき、ポリ袋に入れてコップの底などでたたき（袋が破けないように注意）、ひと口大にする。
② きゅうりはポリ袋に入れずにたたき、大きめのひと口大にちぎる。
③ オクラはガクを包丁で取りのぞき、塩ゆでにする。1本だけ小口切りにする。
④ ボウルに温かいごはん、Aを入れて混ぜ、器によそう。②、③の小口切りのオクラ、木綿豆腐、①をのせ、辛そうで辛くない少し辛いラー油をかけ、③を添える。

長ねぎを混ぜたにんにくみそと
焼いた豚肉を合わせるだけ

キムチの素を使えば
味つけがピタリと決まる！

豚バラのにんにくみそ丼

材料（2人分）

豚バラ厚切り肉（4〜5㎝幅に切る）…200g

A
- ◉野菜においしいにんにくみそ…大さじ1と½
- 長ねぎ（斜め薄切り）…⅓本

温かいごはん…茶碗2杯分

温泉卵…2個

作り方

① フライパンに豚バラ肉を並べて中火にかけ、肉から出てきた脂をペーパータオルでふき取りながら、両面をこんがりと焼く。

② ボウルによく混ぜたA、①を入れて合わせる。

③ 器に温かいごはんをよそい、②、温泉卵をのせる。

キムチ風味の親子丼

材料（2人分）

A
- 鶏もも肉（小さめのひと口大に切る）…⅔枚
- たまねぎ（7〜8㎜幅に切る）…小¼個
- ◉キムチの素…大さじ1
- みりん…大さじ1
- 醤油…大さじ½

水…50㎖

溶き卵…2個分

温かいごはん…茶碗2杯分

にら（みじん切り）…1本

作り方

① 小さめのフライパンにAを入れて全体をからめ合わせ、10分ほどなじませる。

② 水を加えて中火にかけ、沸騰したらフタをして、鶏もも肉に火が通るまで1〜2分蒸し煮にする。

③ フタをあけ、溶き卵をまわし入れて半熟にする。

④ 器に温かいごはんをよそい、③をのせ、にらをまんべんなくちらす。

にんにく風味のカジキが絶品
ボリュームいっぱいの満腹洋風丼！

カジキのガーリックトマト丼

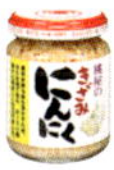

材料（2人分）

カジキ（ひと口大に切る）…2切れ
たまねぎ（1㎝の角切り）…⅓個
◉きざみにんにく…大さじ1
オリーブ油…大さじ1
トマト（1㎝の角切り）…中1個
白ワイン…大さじ2
ブロッコリー（小房に分ける）…大3房
塩、胡椒…各適量
温かいごはん…茶碗2杯分

作り方

① カジキに軽く塩、胡椒をふる。フライパンにオリーブ油を入れて中火にかけ、きざみにんにく、たまねぎを軽く炒め、フライパンの片側に寄せる。空いたもう片側でカジキの両面を焼く。

② トマト、白ワインを加えて煮詰め、ブロッコリーを加えたら、フタをして1分ほど蒸し煮にし、塩、胡椒で味をととのえる。

③ 器に温かいごはんをよそい、②をのせる。

チキンソテーの和風しょうがダレ丼

材料（2人分）
鶏もも肉（6等分のそぎ切り）…大1枚
塩…少々
サラダ油…少々

【和風しょうがダレ】
◉きざみしょうが…大さじ1
醤油…大さじ1
酒…大さじ1
みりん…大さじ1
片栗粉…小さじ½

温かい五穀米ごはん（白飯でもOK）
…茶碗2杯分
レタス（ちぎる）…適量

作り方

① 鶏もも肉に塩をふる。フライパンにサラダ油をひき、皮目を下にして鶏もも肉を入れ、中火にかける。皮がカリッとして六分ほど火が通ったら、肉から出てきた脂をペーパータオルでふき取りながら裏に返し、弱火にして5分ほど焼く。

② よく混ぜた和風しょうがダレの材料を加え、鶏ももにからめながらとろみがつくまで火にかける。

③ 器に温かいごはんをよそい、レタスをしいて②をのせ、フライパンに残ったタレをかける。

▼レタスの代わりに「リーフレタス」や「ベビーリーフ」を使ってもいい。

きざみしょうがのアクセントが最高
和風しょうがダレのごちそう丼

丼ものに合う小さなメニュー

気負わず簡単に作れる、おいしい汁もの3品。

梅＆しょうがの吸いもの

材料(1人分)＆作り方
器に梅ごのみ(小さじ1)、きざみしょうが(小さじ½)、おぼろこんぶ(ひとつまみ)を入れ､熱湯(150mℓ)を注いでよく混ぜる。

少し辛いホタテスープ

材料(1人分)＆作り方
器にホタテ缶(缶汁ごと／35g〈小½缶〉)、辛そうで辛くない少し辛いラー油(大さじ2)、小口切りの万能ねぎ(大さじ2)、塩(ひとつまみ)を入れ、熱湯(150mℓ)を注いでよく混ぜる。

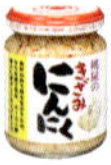

牛肉＆わかめのにんにくスープ

材料(2人分)＆作り方
① 鍋に湯(400mℓ)を沸かし、醤油とみりん(各小さじ½)で下味をつけた牛こま切れ肉(60g)を入れる。肉に火が通ったら、ゆで汁に塩(適量)で味をつけ、水でもどしてざく切りにしたわかめ(塩蔵／20g)を加える。
② 器に①を入れ、きざみにんにく(小さじ1)、小口切りの長ねぎ(少々)をのせ、ごま油(少々)をかける。

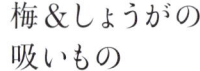

2章　炒飯

基本はごはんと具材を炒め合わせるだけ。
桃屋の瓶詰だからおいしい、
和風、洋風、エスニック風の絶品炒飯です。

卵＋ごはんですよ！で
ごはんをコーティングする本格派

のり卵の納豆炒飯

材料（2人分）

卵…2個
◉ごはんですよ！…大さじ2
サラダ油…少々
温かいごはん…茶碗2杯分
あれば納豆のタレ…1パック分
醤油…少々
塩、胡椒…各適量
小松菜（1cm幅に切る）…2株
納豆…45g（1パック）
カツオ節…適量

作り方

① ボウルに卵を割りほぐし、ごはんですよ！を混ぜる。フライパンにサラダ油を薄くひいて中火にかけ、卵液を流し入れ、卵がかたまりきらないうちに温かいごはんを加え、ほぐしながら手早く炒める。

② ごはんがパラパラとほぐれたら、あれば納豆のタレ、醤油、塩、胡椒で濃いめに味をつけ、小松菜、納豆を加えて混ぜる。

③ 器に②をよそい、カツオ節をのせる。

ひじき&ベーコンの梅炒飯

やさしい梅の味が広がる
カフェ飯のようなお洒落な味わい

材料（2人分）

芽ひじき…大さじ1
長ねぎ（せん切り）…10cm
ベーコン（2〜3mm幅に切る）…3枚
サラダ油…少々
温かい雑穀米ごはん（白飯でもOK）
…茶碗2杯分
◉梅ごのみ…大さじ1と⅔
塩、胡椒…各適量

作り方

① 芽ひじきは水でもどし、水気をよくきる。
② 長ねぎは水にさらし、ペーパータオルで水気をふく。
③ フライパンにサラダ油を入れて中火にかけ、ベーコン、①を2〜3分炒める。
④ 温かい雑穀米ごはんを加えて炒め合わせ、梅ごのみ大さじ1、塩、胡椒で味をととのえる。
⑤ 器に④をよそい、仕上げ用の梅ごのみ大さじ⅔と合わせた②をのせ、混ぜながら食べる。

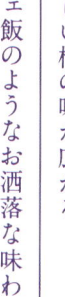

ガーリックえのきのバターライス

細かく刻むえのきがユニーク
新感覚のガーリックライス

材料（2人分）
えのき（5㎜幅に切る）…1パック
●きざみにんにく…大さじ1
バター（食塩不使用）…15g
温かいごはん…茶碗2杯分
塩、胡椒…各適量
黒胡椒…少々

作り方
① フライパンを中火にかけ、えのき、きざみにんにくを炒める。
② えのきがしんなりしたら、バター、温かいごはんを加えてさっと炒め合わせ、塩、胡椒で味をととのえる。
③ 器に②をよそい、黒胡椒をかける。
▼えのきの代わりに「お好みのきのこ」を使ってもいい。

しっかり炒めるちくわが美味！
生七味とうがらしとの相性も抜群

ちくわ＆天かすの焼き飯

材料（2人分）
ちくわ（5㎜幅に切る）…2本
サラダ油…大さじ1
温かいごはん…茶碗2杯分
◉つゆ…大さじ2
きぬさや（筋を取り、斜めにせん切り）…6枚
天かす…大さじ2
◉さあさあ生七味とうがらし山椒はピリリ結構なお味…適量（お好みで調整）

作り方
① フライパンにサラダ油を入れて中火にかけ、焼き目がつくまでちくわを炒める。
② 温かいごはんを加えて炒め合わせ、つゆで味をととのえ、きぬさや、天かすを加えて軽く混ぜる。
③ 器に②をよそい、生七味とうがらしをかける。

春雨とごはん、榨菜で作る
簡単アジアンテイスト

エビ&榨菜のエスニック炒飯

材料（2人分）
春雨…20g
A
●味付榨菜（粗みじん切り）…50g
ゆでエビ（粗みじん切り）…4尾
長ねぎ（粗みじん切り）…10㎝
キャベツ（粗みじん切り）…1枚
●きざみにんにく…小さじ1
サラダ油…大さじ½
B
ナンプラー…大さじ1
砂糖…ひとつまみ
塩、胡椒…各少々
温かいごはん…茶碗2杯分
くし形切りレモン…2切れ
お好みの野菜（トマト、
きゅうりなど）…適量
お好みで黒胡椒…適宜

作り方
① 春雨は熱湯でもどして水気をよくきり、粗みじん切りにする。
② フライパンにきざみにんにく、サラダ油を入れて中火にかけ、Aを炒め、Bで濃いめに味をつける。
③ 温かいごはん、①を加えて炒め合わせる。
④ 器に③をよそい、お好みで黒胡椒をかけ、くし形切りのレモン、お好みの野菜を添える。

福神漬入りカレー炒飯

カレー炒飯に福神漬を混ぜた
オールインワンのアイデア炒飯

材料(2人分)
豚ひき肉…100g
たまねぎ(みじん切り)…¼個
◉きざみにんにく…大さじ½
サラダ油…大さじ1
A
ウスターソース…大さじ½
カレー粉…小さじ1
醤油…小さじ½
お好みで塩、胡椒…各適宜
温かいごはん…茶碗2杯分
◉福神漬…大さじ3
【目玉焼き】
卵…2個
サラダ油…適量

作り方
① フライパンにサラダ油を入れて中火にかけ、きざみにんにく、たまねぎを4～5分炒める。豚ひき肉、Aを加え、豚ひき肉をほぐしながら炒める。
② 水分がなくなってきたら温かいごはんを加えて炒め合わせ、最後に福神漬を混ぜる。
③ 別のフライパンにサラダ油を多めにひいて卵を割り入れ、目玉焼きを作る。
④ 器に②をよそい、③をのせる。

キムチの素＋ケチャップで
ほどよい加減のピリ辛仕上げに

キムチ風味のチキンライス

材料(2人分)

A
- 鶏もも肉(小さめのひと口大に切る)…½枚
- たまねぎ(1cm角に切る)…小¼個
- にんじん(1cm角に切る)…2cm
- ●キムチの素…大さじ2
- トマトケチャップ…大さじ1と½

ピーマン(1cm角に切る)…2個

温かいごはん(かために炊いたもの)…茶碗2杯分

作り方

① フライパンにAを入れて全体をからめ合わせ、10分ほどなじませる。

② 中火にかけ、鶏もも肉に火が通って汁気がなくなるまで、焦げないように混ぜながら炒める。

③ ピーマン、温かいごはんを加え、味がなじむまで混ぜる。

④ 器に③をよそう。

見栄えがするのに簡単
メンマ＋もやしの絶品トロトロあん

メンマたっぷりのあんかけ炒飯

材料（2人分）

【あん】

もやし…100g（½袋）
◉穂先メンマやわらぎ…大さじ3
ごま油…小さじ1
〈水溶き片栗粉〉
　水…200mℓ
　片栗粉…大さじ1
醤油…小さじ1
塩、胡椒…各適量

卵…1個
サラダ油…大さじ1
温かいごはん…茶碗2杯分
A
　長ねぎ（みじん切り）…10cm
　にんじん（みじん切り）…5cm
　ハム（みじん切り）…2枚
塩、胡椒…各適量

作り方

① あんを作る。フライパンにごま油を入れて中火にかけ、もやしをさっと炒め、穂先メンマやわらぎ、よく混ぜた水溶き片栗粉を加えてよく混ぜる。とろみが出たら、醤油、塩、胡椒で味をととのえる。
② ボウルに卵を割りほぐし、塩、胡椒各少々を混ぜる。フライパンにサラダ油を薄くひいて中火にかけ、卵液を流し入れ、卵がかたまりきらないうちに温かいごはんを加え、ほぐしながら手早く炒める。
③ ごはんがパラパラとほぐれたら、Aを加えてさらに1～2分炒め、塩、胡椒で味をととのえる。
④ 器に③をよそい、①をかける。

炒飯に合う小さなメニュー

気負わず簡単に作れる、おいしい副菜＆汁もの３品。

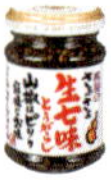

蒸しなすのおろし生七味

材料(２人分)＆作り方
①　耐熱皿に、食べやすい大きさに切ったなす(２本)を重ならないように並べ、ラップをかけて電子レンジに１分30秒かける。
②　器に①を盛り、大根おろし(10cm)をのせて酢(大さじ1)をかけ、さあさあ生七味とうがらし山椒はピリリ結構なお味(大さじ½)をかける。

豆腐＆トマトの榨菜ねぎダレ

材料(２人分)＆作り方
器に半分に切った絹ごし豆腐(100ｇ〈⅓丁〉)を盛り、角切りのトマト(小1個)、榨菜ねぎダレ(みじん切りの味付榨菜〈大さじ３〉、みじん切りの長ねぎ〈大さじ３〉、熱したごま油〈大さじ２〉を和えたもの)をのせる。
▶お好みで醤油をかけてもいい。
▶榨菜ねぎダレは多めに作ってストックしておくと便利。冷蔵室で２～３日保存可能。

ソーセージ＆にんにくのスープ

材料(２人分)＆作り方
鍋にちぎったソーセージ(4本)、きざみにんにく(大さじ2)、オリーブ油(少々)を入れて中火で炒め、水(400㎖)を加えて煮る。溶き卵(1個分)を入れてとじ、塩と胡椒(各適量)で味をととのえる。

3章

混ぜごはん&炊き込みごはん

ごはんに具材を混ぜたり、炊き込んだり。
桃屋の瓶詰を使えば、
誰でも失敗せずに楽しく作れます。

さっぱり味の大葉としょうが
香味野菜をただ混ぜるだけ！

大葉&しょうがの混ぜごはん

材料（2人分）

大葉（ちぎる）…4枚

●きざみしょうが…大さじ½

温かいごはん…茶碗2杯分

塩…適量

作り方

① ボウルに温かいごはん、大葉、きざみしょうがを入れて混ぜ、塩で味をととのえる。

② 器に①をよそい、お好みできざみしょうが適量（分量外）をのせる。

カリカリ油揚げ＋ラー油は
絶妙なコンビネーション

油揚げ&ラー油の混ぜごはん

材料（2人分）

油揚げ…1枚

醤油…小さじ½

三つ葉（粗く刻む）…少々

温かいごはん…茶碗2杯分

◉辛そうで辛くない少し辛いラー油…大さじ1〜2（お好みで調整）

作り方

① 油揚げはペーパータオルで油分をふき取り、1cm角に切る。フライパンに入れて中火にかけ、カリッとするまで両面をこんがりと焼き、醤油をかけて手早く混ぜる。

② ボウルに温かいごはん、①、三つ葉を入れて混ぜる。

③ 器に②をよそい、辛そうで辛くない少し辛いラー油をかける。

メンマ好きにはたまらない味！
失敗しない超簡単な混ぜごはん

焼豚＆メンマの混ぜごはん

材料（２人分）

焼豚の切り落とし（１㎝角に切る）…30g

●穂先メンマやわらぎ…大さじ２

温かいごはん…茶碗２杯分

作り方

① ボウルに温かいごはん、焼豚の切り落とし、穂先メンマやわらぎを入れて混ぜる。

② 器に①をよそう。

キムチの素で作る混ぜごはんは
みりんと相まったマイルドな辛さ

牛キムチの混ぜごはん

材料(2人分)

牛ひき肉…100g
◉キムチの素…大さじ1
みりん…大さじ1
ごま油…少々
豆苗(細かく刻む)…¼パック
温かいごはん…茶碗2杯分

作り方

① フライパンを中火にかけて牛ひき肉をほぐしながら炒め、肉から出てきた脂をペーパータオルでふき取る。
② キムチの素、みりん、ごま油を加え、水分が半量以下になるまで炒める。
③ ボウルに温かいごはん、②、豆苗を入れて混ぜる。
④ 器に③をよそう。

▼牛ひき肉の代わりに「牛の切り落とし肉」を使ってもいい。

いか塩辛が豊かなコクを演出
上品な薄味でクセになりそう

メンマが存分に楽しめる
あっさり味の和風おこわ

いか塩辛&さといもの炊き込みごはん

材料(2人分)

米…2合

A
- 醤油…大さじ⅔
- みりん…大さじ⅔
- ●きざみしょうが…大さじ½
- 砂糖…大さじ⅓

水…適量

●いか塩辛…大さじ4

さといも…4個

(小さめなら6個)

万能ねぎ(斜め切り)…適量

作り方

① 炊飯器の内釜に洗った米、Aを入れ、水を2合の目盛りに合わせて足し入れる。いか塩辛、さといもを加えて30分以上おき、普通モードにセットして炊く。

② 炊き上がったら、さといもをくずしながらごはんを切るように混ぜる。

③ 器に②をよそい、万能ねぎをちらす。

あっさりメンマおこわ

材料(2人分)

もち米…2合

●味付メンマ(長いものは半分に切る)…40g

干ししいたけ

(スライス/かぶる程度の水でもどす)…2個分

酒…大さじ1

水…適量

にんじん(細切り)…3cm

作り方

① 炊飯器の内釜に洗ったもち米、味付メンマの調味液(残っていればでOK)、しいたけのもどし汁、酒を入れ、水を2合の目盛りに合わせて足し入れる。味付メンマ、干ししいたけ、にんじんを加えて、すぐに普通モードにセットして炊く。

② 炊き上がったら、ごはんを切るように混ぜる。

③ 器に②をよそう。

酢飯と五目寿司の二層がきれい
手軽に作れるごちそう寿司

押し寿司風

材料（14×14×高さ14cmの容器1個分）

◉五目寿司のたね…1合分
（小1/2本分または大1/4本分）

炊きたての温かいごはん…1合分
（炊きあがり300gほど）

【卵そぼろ】
卵…2個
はちみつ…大さじ1
サラダ油…少々

アナゴ…適量
イクラ…適量

作り方

① 2つのボウルに2等分にした炊きたての温かいごはんを入れる。ひとつには五目寿司のたねに添付の粉末寿司酢の半量、具を入れて混ぜ、五目寿司を作る。もうひとつには残りの粉末寿司酢を入れて混ぜ、酢飯を作る。

② 卵そぼろを作る。ボウルに卵を割りほぐし、はちみつを加えて混ぜる。フライパンにサラダ油を薄くひいて卵液を流し入れ、箸で混ぜながら中火にかける。卵がかたまってきたら弱火にし、そぼろ状になるまで混ぜる。

③ 容器にラップをしき、①の五目寿司と酢飯、②を順に詰め、上からラップをかぶせて全体をしゃもじの裏で軽く押す。容器から取り出し、食べやすい大きさに切り分ける。

④ 器に盛り、アナゴ、イクラを飾る。

タコ＆パプリカのピラフ

材料（2人分）

タコ（ぶつ切り）…100g
赤パプリカ（角切り）…½個
黒オリーブ（輪切り）…50g
塩、胡椒…各適量
たまねぎ（みじん切り）…¼個
◉きざみにんにく…大さじ2
オリーブ油…大さじ2
米…1合
水…200mℓ
白ワイン…50mℓ
レモン（くし形切り）…適量

作り方

① フライパンにたまねぎ、きざみにんにく、オリーブ油を入れて中火にかけ、たまねぎが透明になったらタコ、赤パプリカ、黒オリーブをさっと炒め、塩、胡椒で濃いめに味をつける。

② 米を加えて炒め、米に油分がまわったら、水、白ワインを加える。

③ 沸騰したらフタをして、弱火で15分ほど炊き、そのまま10分ほど蒸らす。

④ 器に③をよそい、レモンを添える。

にんにく風味の具材のピラフは
子どもも大好きな人気メニュー

混ぜごはん&炊き込みごはんに合う小さなメニュー

気負わず簡単に作れる、おいしい副菜3品。

メンマ&ほうれん草の和えもの

材料(2人分)&作り方
味付メンマ(15g)、ゆでて食べやすく切ったほうれん草(2株)、斜め薄切りにした長ねぎ(少々)を混ぜる。

はんぺん&かいわれ大根のわさびのり

材料(2人分)&作り方
角切りにしたはんぺん(¼枚)、かいわれ大根(適量)をごはんですよ!(大さじ1)、わさび(小さじ¼)で和える。

キャベツ&イカのバター蒸し

材料(2人分)&作り方
耐熱皿にキャベツ(⅛個)をのせ、その上にいか塩辛(小さじ2)、バター(ひとかけ)をのせ、ラップをかけて電子レンジに2分ほどかける。
▶お好みで醤油をかけてもおいしい。

4章

おにぎり&おにぎらず

桃屋の瓶詰があれば、
おにぎりもおにぎらずも
バリエーション豊かに仕上がります。

ジャコ&生七味のおにぎり

材料（1個分）

ちりめんジャコ…大さじ½

◉さあさあ生七味とうがらし
山椒はピリリ結構なお味…小さじ⅓

温かいごはん…軽く茶碗1杯分（90gほど）

作り方

ボウルにすべての材料を入れて混ぜ、丸形ににぎる。

あぶら味噌風おにぎり

材料（1個分）

あぶら味噌風
（下記参照）…大さじ½

塩…少々

温かいごはん
…軽く茶碗1杯分（90gほど）

おにぎり用の焼き海苔…1枚

作り方

水でぬらした手に塩をまぶし、温かいごはんをとる。中心にあぶら味噌風をおき、三角形ににぎる。おにぎり用の焼き海苔を巻き、あぶら味噌風適量（分量外）をのせて目印にする。

【あぶら味噌風】

◎材料（作りやすい分量／4～5個分）

●野菜においしいにんにくみそ
…大さじ2

豚バラ薄切り肉（または切り落とし
／5㎜幅に切る）…50g

◎作り方

フライパンに豚バラ肉を並べて中火にかけ、肉に火が通ったらにんにくみそを加え、焦げないように混ぜながら1～2分煮詰める。粗熱が取れたら保存容器に入れ、冷蔵室で保存する。

郵　便　は　が　き

料金受取人払郵便

渋谷局承認

7289

差出有効期間
平成28年11月
30日まで

切手不要

1508790

217

東京都渋谷区神泉町８－１６
渋谷ファーストプレイス
PARCO出版　愛読書カード係　行

●ご購入の書籍名

●お名前(ﾌﾘｶﾞﾅ)　［男・女］

●ご住所　都・道　府・県　区・市　町・村　●ご年令　才

※個人情報保護のため、市区町村以下のご記入は不要です。

●ご職業　□学生　□会社員　□公務員　□教職員　□自営業　□自由業
□主婦　□その他(　)

●この本をどこでお知りになりましたか？
□新聞(新聞名:　)□雑誌(雑誌名:　)
□ＴＶ(番組名:　)□人にすすめられて
□書店で見て　□その他(　)

●ご購入された書店名：

今後の参考にさせていただきますので、ご意見・ご感想をお聞かせ下さい。

●この本をお買いになった動機は？（複数回答可）

□タイトルにひかれて
□著者が好きだから
□書評・紹介記事を読んで
□内容を見てよかったから
□その他（　　　　　　　　　　　　　　　　　　　　　　　）
□装丁・デザインがよかった
□テーマ・企画に興味があった
□広告を見て
□プレゼントでもらったから

●この本についてのご意見・ご感想をお聞かせ下さい。

●これからの刊行について、ご意見・ご希望などがあればお書き下さい。

ご感想を広告などに使用させていただく場合がございます。

たくあん&しょうがのおにぎり

材料（小2個分）

たくあん（細かく刻む）…2切れ

◉きざみしょうが…小さじ1/3〜1/2（お好みで調整）

白ごま…少々

温かいごはん…軽く茶碗1杯分（90gほど）

大葉（半分に切る）…1枚

作り方

ボウルに大葉以外の材料を入れて混ぜ、俵形ににぎり、大葉を巻く。

ツナ生七味おにぎり

材料（1個分）

ツナ生七味（下記参照）…大さじ1/2

塩…少々

温かいごはん…軽く茶碗1杯分（90gほど）

おにぎり用の焼き海苔…1枚

作り方

水でぬらした手に塩をまぶし、温かいごはんをとる。中心にツナ生七味をおき、三角形ににぎる。おにぎり用の焼き海苔を巻き、ツナ生七味適量（分量外）をのせて目印にする。

【ツナ生七味】

◎材料（作りやすい分量／4〜5個分）

ツナ缶…70g（小1缶）

◉さあさあ生七味とうがらし 山椒はピリリ結構なお味…大さじ1

マヨネーズ…大さじ1

塩…少々

◎作り方

ツナは油分をしっかりときってボウルに入れ、ほかの材料と混ぜ合わせる。保存容器に入れ、冷蔵室で保存する。

梅&わかめのおにぎり

材料（1個分）

◉梅ごのみ…小さじ1
わかめ（乾燥）…2つまみ
白ごま…少々
塩…少々
温かいごはん…軽く茶碗1杯分（90gほど）

作り方

ボウルに塩以外の材料を入れて混ぜ、水でぬらした手に塩をまぶし、丸形ににぎる。

榨菜&レモンのおにぎり

材料（1個分）

◉味付榨菜（ざく切り）…大さじ1
レモンの皮（せん切り）…1×1cm
塩…少々
温かいごはん…軽く茶碗1杯分（90gほど）

作り方

ボウルに塩以外の材料を入れて混ぜ、水でぬらした手に塩をまぶし、三角形ににぎる。

カリカリチーズの焼きおにぎり

材料(小2個分)

ピザ用チーズ…20g

●ごはんですよ!…大さじ1

温かいごはん…軽く茶碗1杯分(90gほど)

作り方

① 温かいごはんを2等分にして、それぞれ平たい丸形ににぎる。

② フライパンを弱火にかけて①をのせ、両面をこんがりと焼く。空いたスペースにピザ用チーズをおにぎりの丸形の大きさに合わせてのせ、中心にごはんですよ!をのせる。これを4つ作る。

③ ピザ用チーズが溶けたらおにぎりをのせ、カリカリになるまで焼く。裏面も同様にして、両面を焼く。

おにぎりに合う小さなメニュー

気負わず簡単に作れる、おいしい副菜3品。

山芋の磯辺揚げ

材料(8個分)&作り方
海苔(小1枚)の上におろした山芋(大さじ1弱)を広げ、ごはんですよ！(少々)をのせ、海苔をくるりと巻く。180℃の揚げ油(適量)で焦げないように揚げる。同様にしてもう7個作る。
▶おろした山芋とごはんですよ！を入れすぎると、揚げ油のなかで広がってくるので、やや少なめに入れるといい。

ちくわの豚肉巻き

材料(2人分)&作り方
① 豚薄切り肉(1枚)を広げ、梅ごのみ(小さじ1)を塗り、ちくわ(1本)に巻く。同様にしてもう1本作る。
② フライパンを弱火にかけて①を入れ、豚肉に火が通るまでときどき転がしながら焼き、食べやすい大きさに切り分ける。

きのこののり和え

材料(2人分)&作り方
フライパンにいしづきを切り落としたしめじ(小1パック)を入れ、フライパンでしんなりするまでじっくり焼き、ごはんですよ！(大さじ1)で和える。

おにぎらずの基本の作り方

一

ラップを広げ、その上に焼き海苔をひし形になるようにのせる。

二

中央に半量のごはんを正方形に広げる。

三

ごはんの上に具を均等にのせる。

四

具が見えなくなるように、残りのごはんをのせる。

五

焼き海苔の四方を折りたたむように、しっかりと包み込む。

六

ラップでくるみ、焼き海苔がしっとりしたら、ラップの上から包丁で半分に切る。

榨菜&ハムのおにぎらず

材料(1個分)
◉味付榨菜(粗く刻む)…20g
ハム…2枚
マヨネーズ…適量
レタス(ちぎる)…½枚
温かいごはん…１２０gほど
焼き海苔…全形1枚

作り方(53ページ参照)
具は味付榨菜、ハム、マヨネーズ、レタスの順に均等に重ねる。

エビ&アボカドのおにぎらず

材料(1個分)
◉梅ごのみ…小さじ2
アボカド(5㎜厚さに切る)…¼個
ゆでエビ(厚みを半分に切る)…1尾
温かいごはん…１２０gほど
焼き海苔…全形1枚

作り方(53ページ参照)
具は半量の梅ごのみ、アボカドとゆでエビを交互に並べ、最後に残りの梅ごのみの順に均等に重ねる。

みそ油揚げ&菜っ葉のおにぎらず

材料(1個分)

油揚げ…½枚

◉野菜においしいにんにくみそ…大さじ1

サニーレタス(ちぎる)…適量

大葉…3枚

温かいごはん…120gほど

焼き海苔…全形1枚

作り方(53ページ参照)

① 油揚げはペーパータオルで油分をふき取り、グリルで両面をこんがり焼き、にんにくみそを塗り、さらに表面が乾くまで焼く。

② 具はサニーレタス、大葉、①の順に均等に重ねる。

シラス&クリームチーズのおにぎらず

材料(1個分)

シラス…大さじ2

きゅうりの斜め薄切り…5枚

A クリームチーズ…30g

◉ごはんですよ!…小さじ2~3(お好みで調整)

温かいごはん…120gほど

焼き海苔…全形1枚

作り方(53ページ参照)

具はシラス、きゅうり、よく混ぜたAの順に均等に重ねる。

目玉焼き&スパムのおにぎらず

材料(1個分)

【目玉焼き】
- 卵…1個
- サラダ油…少々

1cm厚さのスパム…1切れ
●ごはんですよ!…大さじ½
温かいごはん…120gほど
焼き海苔…全形1枚

作り方(53ページ参照)

① 目玉焼きを作る。フライパンにサラダ油を薄くひいて中火で熱し、卵を割り入れる。白身に火が通ったら裏返し、火を止めて1分ほどおく。

② 具はスパム、ごはんですよ!、①の順に均等に重ねる。

牛しぐれ煮のおにぎらず

材料(1個分)

牛しぐれ煮(左記参照)
…大さじ2~3(お好みで調整)
さやいんげん…3本
塩…適量
温かいごはん…120gほど
焼き海苔…全形1枚

作り方(53ページ参照)

① さやいんげんは塩ゆでし、半分に切る。

② 具は①、牛しぐれ煮の順に均等に重ねる。

【牛しぐれ煮】

◎材料(作りやすい分量/2~3個分)
牛こま切れ肉…100g
A
- ●きざみしょうが…大さじ2
- 醤油…大さじ1
- みりん…大さじ½

◎作り方
鍋にAを入れて中火にかけ、牛こま切れ肉をほぐしながら加え、汁気がなくなるまで煮る。

榨菜入りカニ玉スクランブルエッグのおにぎらず

材料（1個分）

【榨菜入りカニ玉スクランブルエッグ】

卵…1個

カニ風味かまぼこ（半分に切ってほぐす）…2本

◉味付榨菜…20g

塩、胡椒…各適量

ごま油…小さじ1

スプラウト…適量

温かいごはん…120gほど

焼き海苔…全形1枚

作り方（53ページ参照）

① 榨菜入りカニ玉スクランブルエッグを作る。ボウルに卵を割りほぐし、カニ風味かまぼこ、味付榨菜、塩、胡椒で濃いめに味をつける。フライパンにごま油をひいて中火にかけ、卵液を流し入れる。2～3度大きく箸でかき混ぜて、おにぎらずの大きさに合わせてまとめる。

② 具は①、スプラウトの順に均等に重ねる。

おにぎらずに合う小さなメニュー

気負わず簡単に作れる、おいしい汁もの2品。

即席のり味噌汁

材料(1人分)&作り方

器に薄切りの長ねぎ(2㎝)、薄い小口切りのみょうが(½個)、のり味噌(ごはんですよ!〈大さじ½〉、味噌〈小さじ2〉、カツオ節〈ひとつまみ〉を混ぜたもの)を入れ、熱湯(150mℓ)を注いでよく混ぜる。

▶のり味噌は多めに作ってストックしておくと便利。冷蔵室で2~3日保存可能。

即席中華スープ

材料(2人分)&作り方

鍋に食べやすい大きさに切った白菜(小1枚)、味付榨菜(20g)、干ししいたけ(スライス/1個分)、干しエビ(大さじ2)、春雨(10g)、水(500mℓ)を入れて中火にかける。沸騰したら、醤油と塩(各適量)で味をととのえ、ごま油(小さじ½)を加える。

5章　巻きもの

海苔巻きだけではありません。
生春巻きの皮や薄焼き卵でくるくる巻いて、
桃屋の瓶詰を味わいます。

五目寿司のたねを酢飯に混ぜず
海苔巻きの具として使う

五目寿司のたね&
卵の海苔巻き

レシピ→62ページ参照

オリジナルの具を巻けば
海苔巻き作りが楽しくなる！
マグロ榨菜の
海苔巻き
生七味&
サーディンの海苔巻き
梅ごまごはんの
長芋海苔巻き
レシピ→63ページ参照

五目寿司のたね＆卵の海苔巻き

材料（4本分）

◎五目寿司のたね…2合分
（小1本分または大½本分）

さやいんげん…12本

塩…適量

【卵焼き】

卵…4個

はちみつ…大さじ2

サラダ油…少々

焼き海苔…全形4枚

炊きたての温かいごはん…2合分
（炊きあがり600gほど）

作り方

① 炊きたての温かいごはんに五目寿司のたねに添付の粉末寿司酢を入れて混ぜ、五目寿司のたねの具はザルにあげて汁気をよくきる（調味液はとっておく）。

② さやいんげんは塩ゆでし、ザルにあげて冷ます。

③ 卵焼きを作る。ボウルに卵を割りほぐし、はちみつ、①の五目寿司のたねの調味液大さじ1を加えてよく混ぜる。フライパンにサラダ油を薄くひいて卵液を流し入れ、卵焼きを2本焼く。冷めたら縦半分に切る。

④ 巻きすに焼き海苔をおき、手前側を1cmほど、向こう側を2～3cm空けて①の酢飯を均一の厚さにしく。

⑤ ごはんの手前側を1cmほど空け、手前から②、③、①の具を順にのせ、手前から向こうに巻く。形を整え、海苔がしっとりとしたら包丁で食べやすい大きさに切る。同様にして残り3本も作る。

マグロ榨菜の海苔巻き

材料（1本分）

【マグロ榨菜】

マグロ（刺身や切り落とし）…50g

◉味付榨菜（粗く刻む）…20g

醤油…小さじ½

ごま油…小さじ½

焼き海苔…全形1枚

温かいごはん（酢飯でもOK）

…150g（茶碗1杯強）

作り方

① マグロと味付榨菜を合わせて包丁でたたき、醤油、ごま油と混ぜる。

② 五目寿司のたね&卵の海苔巻き（62ページ参照）と同様にして、①をのせて巻き、食べやすい大きさに切る。

生七味&サーディンの海苔巻き

材料（1本分）

◉さあさあ生七味とうがらし山椒はピリリ結構なお味…大さじ½

オイルサーディン…4尾

きゅうり（せん切り）…½本

赤パプリカ（せん切り）…⅙個

焼き海苔…全形1枚

温かいごはん（酢飯でもOK）

…150g（茶碗1杯強）

作り方

五目寿司のたね&卵の海苔巻き（62ページ参照）と同様にして、手前から生七味とうがらし、オイルサーディン、きゅうりを順にのせ、その上に赤パプリカをおいて巻き、食べやすい大きさに切る。

梅ごまごはんの長芋海苔巻き

材料（1本分）

◉梅ぼしのり…大さじ1

黒すりごま…大さじ1

レタス…適量

長芋（細切り）…4〜5cm（細い部分）

焼き海苔…全形1枚

温かいごはん（酢飯でもOK）

…150g（茶碗1杯強）

作り方

① ボウルにごはん、梅ぼしのり、黒すりごまを入れて混ぜる。

② 五目寿司のたね&卵の海苔巻き（62ページ参照）と同様にして、レタス、長芋をのせて巻き、食べやすい大きさに切って、梅ぼしのり適量（分量外）をのせる。

エスニック風のみそダレが美味！
意外と簡単な生春巻き風

豚しゃぶの生春巻き風

材料（6本分）

生春巻きの皮…6枚
豚しゃぶしゃぶ用肉…60g
大葉…6枚
温かいごはん（冷たくてもOK）…150g（茶碗1杯強）
もやし…50g（1/4袋）

【みそダレ】

◉野菜においしいにんにくみそ…大さじ2
酢…大さじ1
砂糖…大さじ1

作り方

① 生春巻きの皮は水で湿らせる。
② 豚しゃぶしゃぶ用肉はゆで、ザルにあげて冷ます。
③ ①に大葉、②、ごはん、もやしをのせて巻く。
④ 器に盛り、よく混ぜたみそダレをつけながら食べる。

▼生春巻きの皮の代わりに「ゆでたレタス」や「ゆでたキャベツ」を使ってもいい。

にんにくみそが旨みを演出
おもてなしにも使えるレシピ

肉味噌風の菜っ葉巻き

材料（2人分）

【肉味噌風】

木綿豆腐（粗くくずす）…100g（1/3丁）
油揚げ（みじん切り）…1枚
長ねぎ（粗みじん切り）…10cm
◉野菜においしいにんにくみそ…大さじ3
サラダ油…少々

葉野菜（サニーレタス、サラダ菜など）…適量
温かいごはん（冷たくてもOK）…150g（茶碗1杯強）
長ねぎ（細切り）…10cm
かいわれ大根…1/2パック

作り方

① 肉味噌風を作る。フライパンにサラダ油をひき、木綿豆腐がひき肉のようにポロポロになるまで水分をとばしながら炒める。油揚げ、長ねぎを加えてさっと炒め、にんにくみそを加えてさらに炒める。

② 葉野菜にごはん、①、長ねぎ、かいわれ大根をのせ、巻いて食べる。

薄焼き卵で五目寿司を巻くだけ

すぐに作れる！ 華やかでおいしい!!

簡単茶巾寿司

材料（4個分）

- ◉五目寿司のたね…1合分
  （小½本分または大¼本分）
- 炊きたての温かいごはん…1合分
  （炊きあがり300gほど）
- ◉きざみしょうが…大さじ1
- ゆでエビ（ざく切り）…4尾

【薄焼き卵】

- 卵…2個
- みりん…大さじ1
- 塩…1つまみ
- 〈水溶き片栗粉（よく溶く）〉
  - 水…小さじ1
  - 片栗粉…ひとつまみ
- サラダ油…少々

- 三つ葉（ちぎる）…少々

作り方

① ボウルに炊きたての温かいごはん、五目寿司のたねに添付の粉末寿司酢を入れて混ぜ、五目寿司のたねの具、きざみしょうが、ゆでエビ（飾り用に4切れ残す）を加えて五目寿司を作る。4等分にして、楕円形ににぎる。

② 薄焼き卵を作る。ボウルに卵を割りほぐし、みりん、塩、水溶き片栗粉を加えて混ぜる。フライパンにサラダ油を薄くひいて卵液を流し入れ、薄焼き卵を4枚焼く。

③ ②の薄焼き卵の両端を①の幅に合わせて内側に折り、①をのせて包み、ゆでエビ、三つ葉を飾る。

巻きものに合う小さなメニュー

気負わず簡単に作れる、おいしい副菜3品。

手羽中の にんにくがらめ

材料(8本分)&作り方
手羽中(8本)に薄く小麦粉をまぶし、サラダ油（適量）をひいたフライパンで揚げ焼きにし、野菜においしいにんにくみそ(大さじ2)、白すりごま(大さじ2)をからめる。

ちくわの磯辺揚げ

材料(2人分)&作り方
4等分に斜めに切ったちくわ(2本)に、ごはんですよ!(大さじ2)をからめ(穴にも詰める)、片栗粉(適量）をむらなくまぶす。180℃の揚げ油(適量)で焦げないように揚げ、お好みでレモンを添える。

きゅうり& 榨菜の一夜漬け

材料(作りやすい分量)&作り方
ポリ袋に縦半分に切ってから5㎜厚さの斜め切りにしたきゅうり(1本)、せん切りの味付榨菜(30g)、薄切りのみょうが(2個)、白ごま(小さじ1)を入れてもみ込み、袋の空気を抜いて口をしばり30分〜1時間漬ける。
▶冷蔵室で2〜3日保存可能。

6章

お茶漬け

手間暇かけずに作りたいお茶漬けは、
桃屋の瓶詰を使って
簡単においしくいただきます。

ごはんですよ!のおいしさをストレートに楽しめる

のりシャケ茶漬け

材料(2人分)

塩ジャケ(甘塩)…小1切れ

温かいごはん…茶碗2杯分

◉ごはんですよ!…小さじ1

万能ねぎ(小口切り)…1本

あられ…小さじ1

ほうじ茶(または煎茶)…適量

作り方

① 塩ジャケは焼いて粗くほぐす。

② 器に温かいごはんをよそい、①、ごはんですよ!、万能ねぎをのせ、あられをちらし、ほうじ茶をかける。

ごはんですよ！＋ジャコ＋味噌は
じんわりと懐かしい味

ジャコのり味噌茶漬け

材料（2人分）

温かいごはん…茶碗2杯分

【ジャコのり味噌】

ちりめんジャコ…大さじ2

◉ごはんですよ！…大さじ1

味噌…大さじ½

長ねぎ（みじん切り）…5cm

カツオ節…適量

熱湯（または だし汁〈左記参照〉）…適量

作り方

器に温かいごはんをよそい、よく混ぜたジャコのり味噌をのせ、カツオ節をちらし、熱湯をかける。

▼「白すりごま」や「白ねりごま」を加えてもおいしい。

【お茶漬け用の簡単だし汁】

◎材料（2人分）

カツオ節…2g／塩…ひとつまみ／醤油…少々／熱湯…300㎖

◎作り方

カップにすべての材料を入れて1〜2分おき、茶こしでこす。

食欲のないときにもぴったり
味付榨菜＋梅ごのみのシンプル茶漬け

榨菜梅茶漬け

材料（2人分）

温かいごはん…茶碗2杯分

【榨菜梅】

◉味付榨菜（ざく切り）…30g

◉梅ごのみ…小さじ1

もみ海苔…適量

黒ごま…適量

だし汁（71ページ参照／またはほうじ茶）…適量

作り方

器に温かいごはんをよそい、よく混ぜた榨菜梅をのせ、もみ海苔、黒ごまをちらし、だし汁をかける。

飲んだ夜の締めにおすすめ
いか塩辛で作る大人味のお茶漬け

塩辛のゆず茶漬け

材料（2人分）

温かいごはん…茶碗2杯分
◉いか塩辛…小さじ2
ゆずの皮（せん切り）…少々
三つ葉（粗く刻む）…1～2本
熱湯…適量

作り方

器に温かいごはんをよそい、いか塩辛、ゆずの皮をのせ、三つ葉をちらし、熱湯をかける。

にんにくみそを使えば、
おうちで簡単に料亭風の味わいに

山椒が香る生七味とうがらしが美味
手軽に作れるごちそう茶漬け

ごまみそダレのタイ茶漬け

材料（2人分）

タイの刺身…10〜12切れ

【ごまみそダレ】

◉野菜においしいにんにくみそ…大さじ1

白ねりごま（チューブタイプ）…大さじ1

みりん…大さじ½

温かいごはん…茶碗2杯分

大葉（細切り）…2枚

だし汁（71ページ参照）…適量

作り方

① ボウルにごまみそダレの材料を入れてよく混ぜ、タイの刺身を加えて和える。

② 器に温かいごはんをよそい、①、大葉をのせ、だし汁をかける。

サバ一夜干しの生七味茶漬け

材料（2人分）

サバ一夜干し…小1枚

温かいごはん…茶碗2杯分

◉さあさあ生七味とうがらし山椒はピリリ結構なお味…小さじ½〜1（お好みで調整）

煎茶（またはほうじ茶）…適量

作り方

① サバ一夜干しは焼いて粗くほぐす。

② 器に温かいごはんをよそい、①、生七味とうがらしをのせ、煎茶をかける。

ささみの冷やし梅茶漬け

材料（2人分）

冷たいごはん…茶碗2杯分
ゆでささみ（下記参照／手でさく）…1本
◉梅ごのみ…小さじ1～2（お好みで調整）
トマト（角切り）…小½個
みょうが（薄い小口切り）…小1個
だし汁（71ページ参照）…適量

作り方

器に冷たいごはんをよそい、ゆでささみ、梅ごのみをのせ、トマト、みょうがをちらし、だし汁をかける。

【ゆでささみ】

◎材料（作りやすい分量）
ささみ…2本
塩…小さじ½
水…400㎖
酒…大さじ1

◎作り方
鍋に水、酒を入れて沸騰させ、塩をもみ込んだささみを加え、ごく弱火にする。このときささみが湯から出ないようにする。15分ほどゆでて火を止め、ゆで汁に浸したまま冷ます。

真夏の定番にしたい冷やし茶漬けは
梅ごのみでさっぱりと仕上げる

お茶漬けに合う小さなメニュー

気負わず簡単に作れる、おいしい副菜3品。

大根の梅もみ漬け

材料(2人分)&作り方

ポリ袋にいちょう切りの大根（10cm)、梅ごのみ(大さじ1)を入れてもみ込む。

▶梅ごのみはもみ込まず、大根にかけるだけでもおいしい。

切り干し大根&メンマの漬物風

材料(作りやすい分量)&作り方

① 切り干し大根(20g)は、水でもどして水気をきり、食べやすい大きさに切る。

② ポリ袋に①、穂先メンマやわらぎ(大さじ2)、酢(大さじ1)を入れてもみ込む。作ってすぐに食べられるが、袋の空気を抜いて口をしばれば、ストックもできる。

▶冷蔵室で2～3日保存可能。

ささみ&ルッコラの梅マヨ和え

材料(2人分)&作り方

ささみの冷やし梅茶漬け(76ページ参照)で余ったゆでささみ(1本)、ルッコラ(2株)を梅マヨ(梅ごのみ〈大さじ½〉とマヨネーズ〈大さじ½〉を混ぜたもの)で和える。

7章

お粥&スープかけごはん

味がピタリと決まる桃屋の瓶詰。
だからシンプルなお粥やスープかけごはんでも
満足感のある仕上がりです。

冷たい白粥で作ってもおいしい！
ラー油の量はお好きなだけ、どうぞ

白粥 温泉卵&ラー油のせ

材料（2人分）

温かい白粥（左記参照）…茶碗2杯分
温泉卵…2個
◉辛そうで辛くない少し辛いラー油
…適量（お好みで調整）

作り方

器に温かい白粥をよそい、温泉卵をのせ、辛そうで辛くない少し辛いラー油をかける。

【白粥】

◎材料（2人分）
ごはん…150g
水…600mℓ（目安）

◎作り方
鍋にごはん、水300mℓほどを入れて中火にかける。沸騰したら弱火にして、ごはんがやわらかくなって粘りが出るまで、20分ほど煮る。途中で水がなくなったら、その都度足す。焦げないようにときどき混ぜ、ふきこぼれないように注意する。

しょうが風味のれんこん粥

材料（2人分）
れんこん…1節
水…200㎖
白粥（80ページ参照）…茶碗2杯分
◉きざみしょうが…適量
お好みで塩…少々

作り方
① れんこんは皮をよく洗い半量は粗みじん切り、残りの半量はすりおろす。
② 鍋に水、①の粗みじん切りのれんこんを入れて中火にかけ、れんこんがやわらかくなったら白粥、①のすりおろしたれんこんを加えてとろみがで出るまで煮込み、最後にきざみしょうが小さじ2を混ぜる。
③ 器に②をよそい、仕上げ用のきざみしょうが小さじ1をのせ、お好みで塩をかけて混ぜながら食べる。

滋養効果に富み、体を温める
れんこん&しょうがの最強コンビ

トッピングしたラー油味の
ピリ辛メンマが食欲をそそる！

ホタテの卵粥　メンマのせ

材料（2人分）

ホタテ缶…70g（小1缶）
水…100㎖
白粥（80ページ参照）…茶碗2杯分
溶き卵…1個分
◉穂先メンマやわらぎ…大さじ1～2（お好みで調整）
万能ねぎ（小口切り）…適量

作り方

① 鍋にホタテ缶（缶汁ごと）、水、白粥を入れて中火にかけ、とろみが出るまで煮込み、溶き卵をまわし入れてとじる。

② 器に①をよそい、穂先メンマやわらぎをのせ、万能ねぎを添える。

榨菜入り肉だんご粥

材料（2人分）

【榨菜入り肉だんご】

鶏ひき肉…100g

●味付榨菜（粗みじん切り）…15g

酒…大さじ1

片栗粉…小さじ1

塩…少々

水…200ml

白粥（80ページ参照）…茶碗2杯分

黒胡椒…少々

作り方

① ボウルに榨菜入り肉だんごの材料を入れて混ぜる。

② 鍋に水を入れて沸騰させ、スプーンですくって①を落とし入れる。再び沸騰したらアクを取り、白粥を加えてとろみが出るまで煮込む。

③ おたまで肉だんごを軽くくずしながら器に②をよそい、黒胡椒をかける。

榨菜入り肉だんごの食感が楽しい
ごちそう気分のシンプル粥

お互いのおいしさを引き出し合う
ごはんですよ！＋チーズの超簡単リゾット

チーズ&海苔のリゾット

材料(2人分)

A
- 生クリーム…100mℓ
- 水…100mℓ

粉チーズ…大さじ3

ごはん(かために炊いたもの)…茶碗2杯分

◉ごはんですよ!…大さじ1

作り方

① フライパンにAを入れて中火にかけ、粉チーズが溶けてきたらごはんを加える。水分が少なくなるまで混ぜながら煮込み、ごはんですよ!を加えて全体をざっくりと混ぜる。

② 器に①をよそう。

▼水分が足りないときは、少しずつ水を足して調整する。

▼ごはんですよ!は混ぜすぎないほうがおいしい。

アサリ&いか塩辛のスープかけごはん

いか塩辛でレストランのような深い味わいに

シーフードで楽しむスープかけごはん

レシピ→88ページ参照

おいしくてお代わりしたくなる！
にんにくのパンチのきいたメニュー

豚肉＆ビーンズの
スープかけごはん

レシピ→89ページ参照

アサリ&いか塩辛のスープかけごはん

材料（2人分）

アサリ（流水でよく洗う）…120g
●いか塩辛…大さじ1
キャベツ（2〜3cmの角切り）…80g
トマト（1cmの角切り）…中1個
●きざみにんにく…大さじ½
オリーブ油…大さじ1
水…300mℓ
白ワイン…50mℓ
塩…小さじ⅓〜¼
温かい雑穀米ごはん（白飯でもOK）…茶碗2杯分

作り方

① 鍋にきざみにんにく、オリーブ油を入れて弱火にかけ、にんにくがフツフツと動きだしたら、アサリ、いか塩辛、キャベツ、トマト、水、白ワインを加えて中火にする。

② 沸騰してアサリの口が開いたらアクを取り、塩で味をととのえる。

③ 器に温かい雑穀米ごはんをよそい、②をかける。

豚肉&ビーンズのスープかけごはん

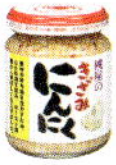

材料（2人分）
豚バラ薄切り肉（2cm幅に切る）…100g
塩…小さじ⅔
胡椒…適量
たまねぎ（みじん切り）…¼個
ミックスビーンズ…60g
●きざみにんにく…大さじ1
オリーブ油…大さじ1
水…250mℓ
白ワイン…50mℓ
温かいごはん…茶碗2杯分
パセリ（乾燥）…適量

作り方
① 豚バラ肉に塩、胡椒をまぶして10分ほどなじませる。
② 鍋にきざみにんにく、オリーブ油を入れて弱火にかけ、にんにくがフツフツと動きだしたら、たまねぎ、豚バラ肉、ミックスビーンズの順に中火で炒め合わせ、水、白ワインを加える。
③ 沸騰したらアクを取り、フタをして弱火で5分ほど煮る。
④ 器に温かいごはんをよそい、③をかけ、パセリをちらす。
▼「きざみにんにく」の代わりに「きざみしょうが」を使ってもいい。さっぱりとした味になる。

お粥＆スープかけごはんに合う小さなメニュー

気負わず簡単に作れる、おいしい副菜４品。

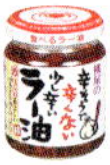

ジャコ＆いんげんのピリカリ炒め

材料(2人分)&作り方

フライパンに辛そうで辛くない少し辛いラー油(大さじ2)、ちりめんジャコ(大さじ2)、さやいんげん(12本)を入れて中火にかけ、熱くなってきたら火を弱め、ちりめんジャコがカリカリになり、さやいんげんがしんなりするまで炒める。

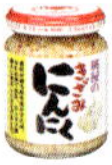

ホタテのにんにくレモンマリネ

材料(2人分)&作り方

① ホタテ(100g)は強めに塩と胡椒(各適量)をふって軽く焼く。ざく切りにした赤パプリカ(½個)も軽く焼く。

② ①、薄切りのたまねぎ(⅛個)、きざみにんにく(大さじ1)、オリーブ油(大さじ1)、レモン汁(大さじ1)を混ぜる。

▶冷蔵室で冷やしてもおいしい。

らっきょう
コールスロー

材料(2人分)&作り方

① 細切りしたキャベツ(中2枚)とにんじん(⅓本)を塩もみする。

② ①、薄切りの花らっきょう(5〜6粒)、細切りのハム(2枚)をマヨネーズ(大さじ½)、酢(大さじ½)で和える。

餃子の皮の
生七味がけ

材料(2人分)&作り方

適当な大きさにちぎった餃子の皮(6枚)を170℃の揚げ油(適量)で色よく揚げ、さあさあ生七味とうがらし山椒はピリリ結構なお味(大さじ½)をかける。

▶お粥のなかに入れて食べてもおいしい。

ごはんですよ！

マグロの磯漬け丼……12
黄身のりダレのつくね丼……13
のり卵の納豆炒飯……24
カリカリチーズの焼きおにぎり……51
シラス&クリームチーズのおにぎらず……55
目玉焼き&スパムのおにぎらず……56
のりシャケ茶漬け……70
ジャコのり味噌茶漬け……71
チーズ&海苔のリゾット……84
【小さなメニュー】
はんぺん&かいわれ大根のわさびのり……46
山芋の磯辺揚げ……52
きのこののり和え……52
即席のり味噌汁……58
ちくわの磯辺揚げ……68

梅ぼしのり

梅ごまごはんの長芋海苔巻き……63

味付榨菜

エビ&榨菜のエスニック炒飯……28
榨菜&レモンのおにぎり……50
榨菜&ハムのおにぎらず……54
榨菜入りカニ玉スクランブルエッグのおにぎらず……57
マグロ榨菜の海苔巻き……61
榨菜梅茶漬け……72
榨菜入り肉だんご粥……83
【小さなメニュー】
豆腐&トマトの榨菜ねぎダレ……34
即席中華スープ……58
きゅうり&榨菜の一夜漬け……68

野菜においしいにんにくみそ

豚バラのにんにくみそ丼……16
あぶら味噌風おにぎり……48
みそ油揚げ&菜っ葉のおにぎらず……55
豚しゃぶの生春巻き風……64
肉味噌風の菜っ葉巻き……65
ごまみそダレのタイ茶漬け……74

【小さなメニュー】
手羽中のにんにくがらめ……68

きざみにんにく

カジキのガーリックトマト丼……18
ガーリックえのきのバターライス……26
エビ&榨菜のエスニック炒飯……28
福神漬入りカレー炒飯……29
タコ&パプリカのピラフ……44
アサリ&いか塩辛のスープかけごはん……86
豚肉&ビーンズのスープかけごはん……87

【小さなメニュー】
牛肉&わかめのにんにくスープ……22
ソーセージ&にんにくのスープ……34
ホタテのにんにくレモンマリネ……90

きざみしょうが

黄身のりダレのつくね丼……13
チキンソテーの和風しょうがダレ丼……20
大葉&しょうがの混ぜごはん……36
いか塩辛&さといもの炊き込みごはん……40
たくあん&しょうがのおにぎり……49
牛しぐれ煮のおにぎらず……56
簡単茶巾寿司……66
しょうが風味のれんこん粥……81

【小さなメニュー】
梅&しょうがの吸いもの……22

Staff
株式会社 桃屋　営業企画室
笠原勝彦　森本豊彦

料理・スタイリング／ダンノマリコ
料理アシスタント／川崎美保
special thanks ／中村佳瑞子
撮影／キッチンミノル
デザイン／川添 藍
編集／本村アロテア範子

撮影小物協力／ utuwa
TEL:03-6447-0070

桃屋ごはん

発行日　2015年9月28日　第1刷

著者／株式会社 桃屋
発行人／井上 肇
編集／堀江由美
発行所／株式会社パルコ
エンタテインメント事業部
東京都渋谷区宇田川町15-1
03-3477-5755
http://www.parco-publishing.jp
印刷・製本／図書印刷株式会社

ISBN978-4-86506-142-0 C2077
Printed in Japan

免責事項
本書のレシピについては、万全を期しておりますが、万が一、やけどやけが、機器の破損、損害などが生じた場合でも、著者および発行所は一切の責任を負いません。

落丁本・乱丁本は購入書店名を明記のうえ、小社編集部あてにお送りください。送料小社負担にてお取り替え致します。
〒150-0045
東京都渋谷区神泉町8-16
渋谷ファーストプレイス
パルコ出版 編集部